My Pet Cat

Our Life Together

My Name: _______________________

My Age: _______________________

My Cat's Name and Age:

____

My Cat's Breed:

____

Veterinarian's Name: 

____

When I first saw you ...

Your Home:

____

____

____

____

Your favorite comforts:

____

____

____

____

____

I chose your name because ...

I think your name suits
you because ...

Drawing

When I am with you I feel ...

Our first photo together is:

If I could ask you one
question it would be ...

____

____

____

____

I would like to know this
because ...

____

____

____

____

Your favorite food is:

 # Your diet is: 

The funny things you do ...

Our life together ...

I can tell when you are
happy because ...

I can tell when you are
scared because ...

____

____

____

____

____

Together we can ...

The places we go ...

____

____

____

____

____

____

____

____

____

____

Something I have learned from you is ...

On your Birthday ...

Your favorite thing to do is ...

You have learned how to ...

___

___

___

___

___

___

___

___

___

I love you because ...

A happy memory:

My favorite photo of us is:

Favorite Keepsake